Chiara Lubich

Vom Geschenk des gegenwärtigen Augenblicks

Chiara Lubich

Vom Geschenk des gegenwärtigen Augenblicks

Betrachtungen über das Leben im Jetzt

Verlag Neue Stadt
München · Zürich · Wien

Ein Buch aus der Reihe SAATKÖRNER

Übertragung ins Deutsche: Stefan Liesenfeld

2005, 1. Auflage

Umschlagabbildung: Vincent van Gogh, Vase mit roten
Gladiolen (Detail)
Gestaltung und Satz: Neue-Stadt-Graphik
Druck: fgb - freiburger graphische betriebe, Freiburg i. Br.
ISBN 3-87996-645-1

VORWORT

Der gegenwärtige Augenblick ist ein großes Geheimnis. Er ist die einzige und zugleich immer neue Pforte, durch die uns „Zeit" gegeben wird, die Nahtstelle, in der alles, eine Tat nach der anderen, in die Vergangenheit entschwindet und zugleich die Zukunft auf uns zukommt. In einer Kette von Jetzt-Momenten entscheidet sich unser Leben. *Carpe diem*, sagten die Römer, nutze, wörtlich: pflücke den Tag. Eine bekannte Lebensregel. Und doch dürfte Jonathan Swift Recht haben: „Genau genommen leben sehr wenige Menschen in der Gegenwart. Die meisten bereiten sich darauf vor, demnächst zu leben."

Alle großen Religionen kennen die Empfehlung, das Geschenk des Augenblicks nicht auszuschlagen, sondern sein Geheimnis zu entdecken. Im Buddhismus nimmt das Leben im gegenwärtigen Augenblick eine zentrale Stelle ein. Der Islam kennt die Weisung, am Abend nicht bis zum Morgen zu warten und am Morgen nicht bis zum Abend; die spirituell-mystische Strömung des Sufismus will zu einem Leben in der völligen Gegenwart Gottes führen, indem man ganz arm und bloß vor IHM allein steht. Die jüdische Tradition kennt die dreifache Frage: „Wo, wenn nicht hier? Wann, wenn nicht jetzt? Wer, wenn nicht wir?" Hier und jetzt können, dürfen und müssen wir leben, und niemand kann es an unserer, an meiner Stelle tun. Auch Jesus verweist nachdrücklich auf die Gegenwart. Im Vaterunser lehrt er uns, um das Brot *für heute* zu bitten. Er will uns einladen zu einem Leben im Vertrauen auf die Liebe des Vaters, einem Leben ohne falsche Sorge: „Sorgt euch nicht um morgen; denn der morgige Tag wird für sich selbst sorgen. Jeder Tag hat genug eigene Plage" (Mt 6,34).

An solche biblische Stellen anknüpfend, empfiehlt die christliche Tradition das LEBEN IM JETZT als spirituell bedeutsame und menschlich kluge Lebensregel. Chiara Lubich steht in diesem großen Strom, wenn sie mit vielen Bildern und Vergleichen einlädt, den gegenwärtigen Augenblick zu leben: etwa mit dem Bild vom Reisenden im fahrenden Zug: Der Zug, die Zeit, geht von allein weiter; was nützt es da, nach vorn oder zurück zu laufen? Öfter auch hat sie das Leben mit einem Band vorbeieilender Kerzen verglichen, die nacheinander anzuzünden sind. Wenn wir eine verpassen, sollen wir ihr nicht lange nachblicken, sondern neu beginnen, die jetzt vorbeilaufende anzuzünden. – Bilder, die sich nachhaltig einprägen!

Wer zum Leben im Jetzt einlädt, muss einem möglichen Missverständnis vorbeugen: Man könnte daraus ein sorgloses In-den-Tag-hinein-Leben ableiten. Das Gegenteil ist richtig: Gerade weil der gegenwärtige Augenblick befreit wird von Blockaden durch längst Vergangenes wie von lähmenden Zukunftsängsten,

können wir unsere Verantwortung im Hier und Heute erkennen und wahrnehmen. Tun, was ansteht, das kann in bestimmten Momenten auch heißen: Vergangenes anschauen, gegebenenfalls aufarbeiten, wenn etwas aufzuarbeiten ist; um Verzeihung bitten, wiedergutmachen, was wiedergutzumachen ist ... – und planen, Zukunft gestalten, an die kommenden Generationen denken, wann immer es jetzt „dran ist". Denn wie der jetzige Augenblick eine Geschichte hat, so fängt mit ihm auch eine Geschichte an.
Im Wissen um den Ernst des Augenblicks, der nie wieder kommt, das tun, was ich, was wir jetzt zu tun haben, das heißt in biblischer Sprache: „Wachsam sein" – für das, was das Leben, was letztlich Gott jetzt von mir, von uns verlangt und will. „Im Jetzt leben" meint keine bloße Methode. „Im Jetzt leben" ruft geradezu nach Antwort auf die Fragen: *Wie* lebe ich den Augenblick? Woraus lebe ich jetzt? Auf was hin?
Die Kurzformel, die Chiara Lubich gibt, lautet: IM JETZT LIEBEN! Liebe ist die große Wirklichkeit, aus der wir leben können, Augenblick für Augenblick. Und Liebe ist zugleich, so die Autorin, die BRÜCKE ZUR EWIGKEIT: Sie entreißt unsere Zeit der Vergänglichkeit und verankert sie in jenem nie endenden und immer neuen Augenblick, der Ewigkeit heißt. Es gibt Begegnungen, in denen wir etwas davon spüren.

Verlag Neue Stadt

INHALT

IM JETZT LIEBEN

IM JETZT DIE EWIGKEIT BERÜHREN

IM JETZT LEBEN

Blicke immer nach vorne,
nie zurück.
Was in deinem Leben
einmal war,
ist vorbei.
Gott weiß darum.
Nur eines ist wichtig:
dass dir
der gegenwärtige Augenblick
nicht entgleitet.
Denn ihn allein
kannst du gestalten.

WENN WIR IN DER GEGENWART LEBEN

Wenn wir bewusst in der Gegenwart leben, gelingt es uns besser,
... unsere Aufgaben und Pflichten gut zu erfüllen,
... unser Kreuz zu tragen,
... die Stimme Gottes zu verstehen und die Kraft seiner Gnade wirken zu lassen,
... unserer Vollendung entgegenzugehen.
So werden wir am Abend eines Tages wie an unserem Lebensabend zurückblicken auf eine erfüllte Zeit voller guter Taten und reich an Liebe.

GANZ HIER SEIN

Ganz in dem sein,
was Gott von uns möchte,
und es gut tun,
Augenblick für Augenblick;
ganz da sein in dem, was wir gerade tun –
und alles andere beiseite stellen;
verlieren, was ablenkt:
Gedanken oder Wünsche,
Erinnerungen oder Dinge,
die wir auch noch schnell
erledigen möchten …
Tun, was jetzt dran ist:
Reden oder telefonieren,
zuhören oder jemandem helfen,
studieren oder beten,
essen oder schlafen …
Tun, was jetzt dran ist –
und uns nicht gleichzeitig
auch noch um anderes kümmern.
„Ganze" Sachen machen,
rein und frei von Sonstigem,
aus ganzem Herzen, mit ganzer Seele
und ganzer Kraft.
Auf diese Weise lieben wir Gott.

Diese eine Aufgabe

„Alles, was ich tue,
zum Beispiel
das Verrichten der Gebete
oder das Befolgen einer Regel,
alles will ich so tun,
als hätte ich nichts anderes zu tun,
als wäre ich in der Welt,
nur um diese eine Aufgabe
gut zu erfüllen,
als hinge mein Heiligwerden
davon ab,
dass ich diese Aufgabe
gut erfülle,
ohne an vorher
oder nachher zu denken."

(Papst Johannes XXIII.)

Oft *leben* wir nicht das Leben,
sondern überfliegen es.

Herr,
lass uns Wurzeln schlagen in dir,
in jedem Augenblick.
Wir wollen uns verankern
in dem, was du
jeden Moment von uns willst.

Wenn wir so
von deinem göttlichen Willen ergriffen sind,
sind wir *von dir* ergriffen
und gehören ganz dir.
Und das zählt.

IM ZUG DER ZEIT

Ein Reisender käme nie auf die Idee,
im Zug auf und ab zu gehen,
um schneller anzukommen,
sondern er bleibt an seinem Platz.

So müssen auch wir
fest in der Gegenwart bleiben.
Der Zug, die Zeit,
geht von allein weiter.

Leben wir einen Augenblick
nach dem anderen,
bis wir ans Ziel kommen.

Lieben wir im Jetzt
Gott und seinen Willen
mit ganzem Herzen,
ganzer Seele
und all unserer Kraft
und erfüllen wir so sein Gebot.

Ehrfurcht
und
Verantwortung

„Die Ehrfurcht
vor der Vergangenheit
und die Verantwortung
für die Zukunft
geben fürs Leben
die rechte Haltung."

(Dietrich Bonhoeffer)

IM JETZT LEBEN BEDEUTET NICHT …

Im Jetzt leben bedeutet *nicht*, die irdische Zukunft außer Acht zu lassen und mit gestutzten Flügeln durchs Leben zu gehen, indem wir keine Pläne mehr schmieden zu unserem eigenen Wohl oder dem der anderen, sei es zum Wohl der Kinder, der Familie, der Gemeinschaft, zu der wir gehören, ja der ganzen Menschheit.

Im Jetzt leben bedeutet *auch nicht*, die Vergangenheit zu vergessen, ihren Reichtum an kulturellen Leistungen, den selbstlosen Einsatz und die Errungenschaften so vieler Menschen …

Wenn Gott uns heute drängt, an die Zukunft zu denken, wollen wir es mit ganzem Einsatz tun, nicht eigennützig, sondern aus Liebe zu denen, die kommen werden, ob wir sie kennen oder nicht.

Die Verbundenheit mit der Menschheit aller Zeiten, die Liebe zu den andern wie zu sich selbst, ist die Triebfeder, heute tatkräftig mitzuwirken an einem besseren, menschlicheren Leben – und die Weichen für die Zukunft entsprechend zu stellen.

Neu beginnen!
Dieses Wort
soll meinen ganzen Tag prägen.
Nicht dann ist alles in Ordnung,
wenn alles gut geht,
sondern wenn wir
in Trauer und Freude,
in Gesundheit und Krankheit
alles dem Herrn schenken
und uns bemühen,
ihm ähnlich zu sein.

Paulus schreibt:
„Ich vergesse, was hinter mir liegt,
und strecke mich nach dem aus,
was vor mir ist.
Das Ziel vor Augen,
jage ich nach dem Siegespreis" (Phil 3,13).

Ein wunderbarer Satz!
Jedes dieser Worte ist wichtig;
es lohnt sich,
sie einzeln „auszukosten".

Denn es gibt Menschen,
die zwar das Vergangene vergessen,
sich aber nicht aufmachen
und schon gar nicht an das Ziel denken.

Andere vergessen das Vergangene
und beginnen immer wieder neu,
haben aber das Ziel nicht im Blick.

Also: Vergessen *und* sich aufmachen,
um dem Ziel näher zu kommen!

So lebt ein heiligmäßiger Mensch,
einer wie Paulus.
Was hindert uns daran,
auch so zu handeln?

ZURÜCK ZUM STRAHL DER SONNE

Im gegenwärtigen Augenblick des Lebens
den Willen Gottes tun,
auf diesem Strahl bleiben,
der verschieden ist für einen jeden ...

Doch besonders zu Beginn unseres Weges
kommen wir leicht ab von unserem „Strahl“
und kehren zurück in die Dunkelheit
unseres Egoismus.
Wundern wir uns nicht darüber!
Weise ist es, nicht mutlos zu werden
und uns nicht damit aufzuhalten,
über unsere Schwachheit nachzugrübeln,
sondern sogleich zurückzukehren
auf den Strahl der Sonne:
zu dem, was Gott jetzt von uns möchte.

Täglich ein neuer Anfang

„Er dachte nicht an die vergangene Zeit zurück, sondern bemühte sich – als ob er mit der Askese beginne – täglich mehr um seine Vervollkommnung. Dabei führte er, um sich anzuspornen, ständig das Wort des Paulus an: ‚Ich vergesse, was hinter mir liegt, und strecke mich nach dem aus, was vor mir ist' (Phil 3,13). Er dachte auch an das Wort des Propheten Elija, der sagt: ‚So wahr der Herr der Heere lebt, in dessen Dienst ich stehe: Heute noch werde ich ihm vor die Augen treten' (1 Kön 18,15). Er beachtete nämlich genau, dass Elija, da er ‚heute' sagte, die vergangene Zeit nicht maß; vielmehr bemühte er sich täglich, als ob er stets einen neuen Anfang setzte, so zu werden, wie er vor Gott erscheinen musste: rein im Herzen und bereit, seinem Willen zu gehorchen und keinem anderen."

(Athanasius über Antonius den Einsiedler)

EINE FESTLICHE NOTE

Wer immer wieder von neuem beginnt,
gut im Jetzt zu leben,
dessen Tun bekommt mit der Zeit
unwillkürlich eine ganz besondere Note,
man könnte sagen: etwas Festliches.
Wer ihn beobachtet, bekommt eine Ahnung,
dass sein Leben ein tiefes Fundament hat:
die Liebe zu Gott.
Der festliche Charakter,
der das Handeln dieses Menschen prägt,
bringt Farbe in sein Leben.
Sein inneres Leben gewinnt Profil,
bekommt immer deutlichere Konturen.

Vieles ließe sich
von einem solchen Menschen sagen:
Beim Beten ist er in Gott versunken;
im Zusammensein mit anderen
ist er frei und fröhlich;
gewissenhaft erfüllt er seine Pflichten;
an sich selbst stellt er einen hohen Anspruch.
Allen ist er ein Bruder, eine Schwester;
von denen, die ihm anvertraut sind,

erwartet er klare Verhaltensweisen.
Kommt jemand zu Fall, ist er barmherzig.
Vom eigenen Nichts und der Allmacht Gottes
ist er felsenfest überzeugt.
Mit seinem Tun ist er oft unzufrieden,
aber er verliert nicht die Hoffnung
und ist stets bereit, neu anzufangen.

Gerade dieses „ewige" Neu-Beginnen,
das nötig ist, weil wir als Menschen
immer wieder schuldig werden,
ist eine große Hilfe:
Es umhüllt die Seele langsam, aber sicher
mit jener besonderen Art von Beständigkeit,
die all unserem mannigfaltigen Tun
eine gemeinsame Prägung verleiht
und die einen reifen Christen,
einen „Heiligen" auszeichnet.
Heilig ist ja,
wer nicht mehr in sich lebt,
nicht im eigenen Willen,
sondern in dem eines Anderen.

INNERLICH GESAMMELT

Wenn ich die Gegenwart feierlich lebe,
wird mein ganzes Leben durchdrungen sein
vom „Sinn für das Heilige“ –
so wie es sein muss, wenn die Liebe
zum gekreuzigten und verlassenen Christus,
meinem Ein und Alles,
in meinem Herzen lebendig ist.
So werde ich
in jener inneren Sammlung leben,
die Maria, die Mutter Jesu,
ausgezeichnet hat und ohne die sie
nicht sie selbst gewesen wäre.
Darum: Im gegenwärtigen Augenblick
in „festlicher Liebe“
zum gekreuzigten Jesus leben –
wenn ich einem anderen zuhöre,
wenn ich mit jemandem spreche,
wenn ich arbeite,
wenn ich bete ...
und all dies in größtmöglicher Einfachheit!

CHRISTUS, DER WEG

Wie wertvoll es ist, den gegenwärtigen Augenblick zu leben, werden wir nie ganz verstehen.
Wenn ich im Jetzt lebe, begegne ich Gott in seinem Willen, und er ist bei mir mit seiner helfenden Gnade. Sonst kann Gott nicht bei mir ankommen, und ich lebe an ihm vorbei.

Oft suchen wir mühsam nach Wegen, um zu ihm zu finden; wir wollen ja nicht stehen bleiben, sondern vorankommen auf dem Weg der Heiligung.
Aber wozu nach Wegen suchen, wenn Christus *der Weg* ist (vgl. Joh 14,6)! Er, der ewig Gegenwärtige, ist in jedem Augenblick unseres Lebens da und wartet nur darauf, mit uns „zusammenzuarbeiten"; in der Zeit, die uns gegeben ist, möchte er mit uns und in uns wirken und uns zu Werken befähigen, die der Kinder Gottes würdig sind.
Vielleicht sehnen wir uns manchmal danach, aus der Mittelmäßigkeit und dem Trott auszubrechen; wir wollen nicht einfach im Strom der Zeit mittreiben, sondern „aufstei-

gen“ zu jener ungetrübten Klarheit, die allein von Gott kommt. Und vielleicht haben wir den Eindruck, dass Prüfungen, Schmerzen, Niederlagen, Demütigungen und Ängste dazu dienen könnten. Wie dem auch sei: Wir dürfen sicher sein, dass Gott sich uns *im gegenwärtigen Augenblick* zu erkennen gibt – in den schmerzlichen, unabwendbaren Ereignissen des Lebens wie auch in der immer aktuellen und so facettenreichen Weisung Jesu: „Verleugne dich selbst, und nimm dein Kreuz auf dich“ (vgl. Mt 16,24).

Kurz gesagt: Das Leben wäre so einfach, wenn wir es nicht verkomplizierten! Würden wir uns ganz im Jetzt verankern, mit all seinen Freuden, mit den Überraschungen, den Mühen und Verpflichtungen, dann kämen wir wie von selbst voran. Getragen von einer großen Kraft, würden wir emporgehoben, hin zur ewigen Freude.

SICH TRAGEN LASSEN

Beim Gehen sind wir ganz auf unsere eigenen Kräfte angewiesen und kommen recht langsam voran.
Nehmen wir ein Fahrrad, dann geht es nicht nur schneller, sondern auch leichter. Einige Muskeln werden kaum beansprucht.
Steuert ein Pilot sein Flugzeug, hat er selbst nur noch wenig zu tun. Fast alles erledigt die Technik. Und er kommt mit hoher Geschwindigkeit voran.
Bei einem Raumflug arbeitet der Astronaut im Vergleich zur technischen Leistung des Raumschiffes noch weniger.

Ähnlich ist es im geistlichen Leben. Je näher der Mensch zu Gott kommt, desto mehr wird er von ihm getragen. Bis er weiter nichts mehr zu tun hat, als sich tragen zu lassen. Vor allem darin besteht sein Einsatz.

MÜDE GEWORDEN …

Müde geworden,
können wir es manchmal kaum erwarten,
dass dies oder jenes
endlich ein Ende nimmt …

Wenn wir uns dann erinnern,
dass es darauf ankommt,
den gegenwärtigen Augenblick zu leben,
finden wir die Kraft,
bis zum Ende durchzuhalten.
Alles wird leichter,
wenn wir uns ganz
auf den gegenwärtigen Augenblick
konzentrieren,
ja es ist, als würden wir getragen.

Die Augenblicke, die wir so leben,
sind gleichsam Bausteine –
für das Leben, das uns erwartet.

Nur einen Augenblick

Mein Leben ist wie ein Augenblick,
der vergeht, wie ein Tag, der verfliegt.
Mein Gott, du weißt,
um dich auf der Erde zu lieben,
habe ich nur das Heute.

* * *

Von Augenblick zu Augenblick
kann man viel ertragen.

* * *

Ich leide nur einen Augenblick.
Man verliert ja nur deshalb den Mut
und verzweifelt,
weil man an die Vergangenheit
und die Zukunft denkt.

(Therese von Lisieux)

GENUG

„Sorgt euch nicht um morgen;
denn der morgige Tag
wird für sich selbst sorgen.
Jeder Tag hat genug eigene Plage."
(Mt 6,34)

Gott kennt keine Grenzen. Doch wenn es um den Schmerz geht, gilt das Wort Jesu: „Jeder Tag hat genug eigene Plage."
Auf ihn und seine Worte ist Verlass! So dürfen wir uns – in der Erfüllung seines Willens – darauf beschränken, nur an das zu denken, was heute ansteht. Dann kann es geschehen, dass Schwierigkeiten, die wir für den nächsten Tag erwartet hatten, sich von selbst gelöst haben.

DAS TÄGLICHE KREUZ

Wenn man die Gegenwart lebt, wenn man sie *gut* lebt, wird man feststellen, dass sich immer eine Möglichkeit bietet, das Wort Jesu umzusetzen: „Nimm dein Kreuz auf dich" (Mt 16,24).
Denn fast jeder Augenblick hat sein Kreuz. Mehr oder weniger kleine, manchmal aber auch große Schmerzen geistiger oder körperlicher Art begleiten ständig unser Leben. Diese Kreuze sollen wir auf uns nehmen und nicht versuchen, ihnen auszuweichen, indem wir uns in ein unverbindliches Leben flüchten.
Selbst dann, wenn wir gesund und froh sind und Gott dafür auch danken, ist es ratsam, innerlich losgelöst von allem zu sein. Denn wenn wir uns habsüchtig an die Gabe klammern, statt auf den Geber zu schauen, sind wir im Nachhinein doch traurig, und es bleibt eine innere Leere.

WAS DIE ZUKUNFT WOHL BRINGT?

Was die Zukunft wohl bringt?
Manches Mal bedrängt uns diese Frage.
Doch vergessen wir nicht,
was Jesus uns gesagt hat:
„Jeder Tag hat genug eigene Plage.“
(Mt 6,34)

Morgen beginnt ein neues Kapitel,
und da hinein gehört
die Plage des morgigen Tages!

Eigentlich gibt es keinen Grund,
beunruhigt zu sein;
denn alles liegt in Gottes Hand.
Was sein Wille ist
und was Gott zulässt,
wird uns immer zum Guten gereichen.

Freude, Schmerz,
Hoffnung,
verwirklichte Träume.
Reife des Lebens,
Reife des Denkens.
Standfestigkeit.
Pflichtbewusstsein
und Anruf der Liebe von oben,
unser Leben:
Antwort darauf.

Mühsal.
Feuer und Eroberungen.
Gewitter.
Vertrauen auf Gott:
Gott allein.
Aufwärts.
Abwärts.
Regenstürme,
tiefe Wurzeln.
Früchte, Früchte, Früchte ...
Dunkle Schleier:
„Gott, mein Gott ..."

Dann zarte, himmlische Musik,
zuerst fern,
dann ganz nah.
Trommelwirbel:
Sieg!

Lang ist das Leben,
vielgestaltig der Weg,
nah das Ziel.

Alles,
wirklich alles
hat und hatte
immer ein einziges Ziel:
die Vereinigung mit dir.

IM JETZT LIEBEN

Es kommt nicht so sehr
darauf an, *wie viel* wir tun,
sondern *wie* wir es tun …
Erfüllen wir da,
wo wir stehen,
unsere Aufgabe –
so, wie Gott es will:
indem wir lieben.

DIE KLEINEN DINGE

„Wer in den kleinsten Dingen zuverlässig ist,
der ist es auch in den großen" (Lk 16,10).

Die Heilige Schrift lehrt uns,
die kleinen Dinge des Lebens
gut zu verrichten.
Gerade das kennzeichnet einen Menschen,
der aus ganzem Herzen tut,
was Gott im Augenblick von ihm möchte.
Wenn jemand so lebt, lebt Gott in ihm.
Und wenn Gott in ihm lebt,
ist die Liebe in ihm.

Wer den Augenblick lebt,
ist geduldig, ausdauernd, gütig,
er ist arm an allem, rein und barmherzig;
denn in ihm ist die Liebe
in ihrer höchsten und echtesten Form.

Er liebt Gott aus ganzem Herzen,
ganzer Seele und mit all seiner Kraft.
Er wird von innen her erleuchtet,
vom Heiligen Geist geführt;
daher richtet er nicht

und denkt nichts Böses;
er liebt den Nächsten wie sich selbst
und hat die Kraft,
in der Torheit des Evangeliums
die andere Wange hinzuhalten
und zwei Meilen mitzugehen (vgl. Mt 5,41).
Oft hat er Gelegenheit,
„dem Kaiser zu geben,
was dem Kaiser gehört" (vgl. Mt 22,21):
in den vielen Situationen,
in denen er seiner Aufgabe
als Glied der Gesellschaft nachkommt ...
Viele weitere Beispiele ließen sich nennen.
Zusammenfassend können wir sagen:

Wer den Augenblick lebt,
geht auf *dem Weg*,
er ist im *Leben*,
in Christus, der *Wahrheit*.

Und dies sättigt die Seele,
die in jedem Augenblick
nach der Fülle des Lebens verlangt.

AUF DAS WIE KOMMT ES AN

Es kommt nicht so sehr darauf an,
wie viel wir tun, sondern *wie* wir es tun …
Erfüllen wir da, wo wir stehen,
unsere Aufgabe – in ehrfürchtiger Liebe
zu Gott und seinem Willen.
Und der verweist uns jeweils
auf eine ganz bestimmte Zeit:
den gegenwärtigen Augenblick –
und auf ein einziges Detail der Aufgabe,
die wir in der Welt zu erfüllen haben.

Gewiss: Sind wir mit den anderen uneins,
wie Einzelteile voneinander getrennt,
so haben wir den Eindruck,
sehr wenig zuwege zu bringen.

Sind wir aber mit den anderen eins,
sehen wir, wie das Tun des einen
dem Tun der andern dient
und sich alles ineinander fügt.
So bekommt jede Tat Bedeutung und Weite,
nicht die Weite dieser Welt, die so klein wirkt
im Vergleich zum Himmelreich,
sondern göttliche Weite.

Legen wir also in alles unsere Liebe hinein:
in das Lächeln, das wir schenken können,
in die Arbeit, die wir zu verrichten haben,
in unser Verhalten im Straßenverkehr,
in das Essen, das wir kochen,
ins Zusammenlegen eines Kleidungsstücks,
in das Planen einer Unternehmung,
in die Tränen, die wir vergießen für Christus
in unseren leidenden Mitmenschen,
in das Spielen eines Instruments,
in den Artikel oder den Brief, den wir
schreiben müssen,
in das Feiern eines frohen Ereignisses …

Alles, wirklich alles kann
Ausdruck unserer Liebe zu Gott
und den Mitmenschen werden.
Alles ist uns, unseren Händen und Herzen
anvertraut, damit wir die Frohe Botschaft
in die Welt tragen.

Das Sakrament des Augenblicks

„Die Pflicht des Augenblicks
verbirgt
unter ihrem düsteren Erscheinungsbild
die Wahrheit des göttlichen Wollens.
Sie ist sozusagen
das Sakrament
des gegenwärtigen Augenblicks.“

(Raïssa Maritain)

ARBEIT ZU ZWEIT

Es ist außerordentlich weise, unsere Zeit damit zu verbringen, dass wir im gegenwärtigen Augenblick tun, was Gott von uns will. Doch in bestimmten Momenten fällt das sehr schwer, zum Beispiel wenn quälende Gedanken uns bedrängen, wenn Vergangenes uns belastet oder Zukunftsängste über uns kommen, wenn wir an Situationen oder Menschen denken, für die wir im Augenblick nichts tun können. Dann gerät das Boot unseres Lebens leicht ins Schlingern, und es kostet uns alle Kraft, Kurs zu halten und zu tun, was Gott *in diesem gegenwärtigen Augenblick* von uns will. In solchen Momenten brauchen wir Willenskraft und Entschlossenheit, besonders aber ein heldenhaftes *Gottvertrauen*.

Ist da eine ausweglose, verworrene Situation, ist ein lieber Mensch krank oder in Gefahr, und ich kann nichts für ihn tun …, dann will ich mich ganz auf das konzentrieren, was Gott im Augenblick von mir erwartet: Studium, Hausarbeit, Gebet, für die Kinder da sein … Für das andere wird Gott sorgen.

Er wird die Leidenden stärken und aus vertrackten Situationen einen Ausweg zeigen. So wird das Leben zu einer „Arbeit zu zweit“ in der innigen Gemeinschaft mit Gott. Von uns ist dabei ein großer Glaube an die Liebe Gottes zu all seinen Kindern verlangt. Und Gott traut es uns zu, dass wir unseren Teil tun. Dieses gegenseitige Vertrauen wirkt Wunder. Wir werden feststellen, dass ein Anderer dahin gelangt ist, wohin wir nicht gelangen konnten, und dass er es viel besser gemacht hat, als wir es gekonnt hätten.

Die Früchte eines solchen Vertrauens auf Gott werden nicht ausbleiben. Eine neue Dimension kommt in unser begrenztes Leben; wir spüren die Nähe des Unendlichen, nach dem wir so sehr verlangen. Unser Glaube wird lebendiger und gibt unserer Liebe neue Kraft. Wir werden nicht mehr wissen, was Einsamkeit ist. Denn in aller Klarheit steht uns vor Augen, was wir aus eigener Erfahrung wissen: Wir sind wirklich Kinder eines Gottes, der Vater ist und alles vermag.

NOTEN EINER MELODIE

„Dein Wille geschehe ...“ –
Was könnte es Größeres geben,
als einem Vater zu folgen,
der uns Augenblick für Augenblick führt
und auf tausenderlei Weisen zu uns spricht?
Lebenssituationen,
Unterweisungen, Pflichten und Eingebungen,
Schmerzen, Ereignisse und Gebote ... –
all das sind Noten einer Melodie,
die im Himmel komponiert wird
und auf Erden erklingt
in Menschen,
die Gott von Herzen lieben
und für ihn verfügbar sind
wie die Harfe dem, der sie spielt.

EIN GÖTTLICHES ABENTEUER

Gott, der alle Menschen unsagbar liebt,
hält für einen jeden
ein göttliches Abenteuer bereit,
verschieden für jeden
und so facettenreich:
Heiliges und Weltliches,
Tragik und Sehnsucht,
Freude und Trauer
verbinden sich
zu einem wunderbaren Gemälde,
das wir im anderen Leben
besser erkennen werden,
wenn unsere Augen
sich öffnen
im Licht der Herrlichkeit.

LIEBE ZU ALLEN MENSCHEN …

Die Liebe zu *allen* Menschen
im Herzen tragen …
Wissen, dass wir
zur *ganzen* Menschheit gehören,
wie Steinchen in einem großartigen Mosaik,
das in Teilen schon gelegt ist
und zum Teil noch nicht …
Eine Liebe haben, die allen Menschen gilt:
denen der Vergangenheit ebenso
wie unseren Zeitgenossen
und denen, die nach uns kommen …
Das Erbe der Vergangenheit aufgreifen –
mit dem Respekt eines Menschen, der weiß,
  dass es etwas von ihm selbst ist;
mit der Demut dessen, der überzeugt ist,
  dass er daraus zu lernen hat,
und in dem Bewusstsein,
  es bereichern zu müssen
  durch persönlichen Einsatz,
  um es so den künftigen Generationen
  weiterzugeben.

WACHSAM FÜR DAS, WAS GOTT WILL

Gott zu lieben beinhaltet, zu tun, was er will. Sein Wille aber zeigt sich Augenblick für Augenblick: durch äußere Umstände, durch die eigenen Pflichten, durch den Rat erfahrener Menschen ... Oder auch durch unvorhergesehene Ereignisse, seien sie schmerzlich oder erfreulich, unangenehm oder in unseren Augen eher belanglos.
Gottes Willen erkennt nur ein aufgeschlossener, wachsamer Mensch; nicht umsonst sprechen die Evangelien so oft von Wachsamkeit und richten den Menschen auf die Gegenwart aus: Es heißt, man soll sich nicht um die Zukunft sorgen und den Vater nur um das *tägliche* Brot bitten. Jesus lädt dazu ein, *täglich* sein Kreuz auf sich zu nehmen; er weist darauf hin, dass jedem Tag seine Last genügt. Und er mahnt: „Keiner, der die Hand an den Pflug gelegt hat und nochmals zurückblickt, taugt für das Reich Gottes" (Lk 9,62).
Damit es uns zur Gewohnheit wird, die Gegenwart gut zu leben, müssen wir lernen, die Vergangenheit hinter uns zu lassen und uns

nicht von Sorgen um die Zukunft gefangen nehmen zu lassen. Das ist eine allgemeine Lebensweisheit, denn die Vergangenheit existiert nicht mehr, die Zukunft aber wird sein, wenn sie Gegenwart geworden ist. Katharina von Siena sagte: „Wir haben weder die vergangene Mühe, denn diese Zeit ist vorbei, noch die künftige Mühe, denn wir wissen nicht, ob diese Zeit je kommen wird."

Große Menschen und Heilige wissen darum. Sie gewöhnen sich daran, aus den verschiedenen Stimmen in ihrem Innern die Stimme Gottes herauszuhören. Eine solche beständige Übung erleichtert das Unterscheiden, auch weil die göttliche Stimme lauter und besser verständlich wird.

Das geht nicht auf Anhieb. Zunächst müssen wir lernen, ganz auf Gott zu vertrauen, an seine Liebe zu glauben und mit Entschlossenheit das zu tun, was wir für seinen Willen halten. Sollten wir uns einmal getäuscht haben, wird er uns – darauf können wir vertrauen – ganz bestimmt wieder auf den richtigen Weg zurückführen. Wachsam sollten wir übrigens auch dann sein, wenn uns der Wille Gottes klar erscheint, beispielsweise wenn eine Arbeit zu tun ist, die sich über Stunden hinzieht. Denn immer wieder einmal gilt es eine Versuchung zu bestehen, einen Zweifel zu überwinden, eine Sorge Gott zu überlassen, abschweifende Gedanken zu vertreiben oder unpassende Wünsche beiseite zu lassen. Die Gegenwart leben beinhaltet außergewöhnlich viele Aspekte …

IM JETZT
DIE EWIGKEIT BERÜHREN

Die Gegenwart leben
ist ein Programm,
das unser Leben
außerordentlich bereichert.
Es verwurzelt
unser irdisches Leben
schon jetzt im Ewigen.

Manchmal hat man den Eindruck, dass ein konsequentes Leben aus dem Glauben, das ausgerichtet ist auf das kommende Leben und auf den Tod, der die Tür dazu öffnet, von der Welt entfremdet. Man wirft uns Christen häufig vor, dass wir uns zu wenig engagierten für die Fragen dieser Welt, bei denen es sehr oft um das Wohl der Menschheit geht.

Eigentlich dürfte es nicht so sein. Wenn man sich beständig müht, im Bewusstsein zu leben, dass wir „weder den Tag noch die Stunde" kennen, kann man sich leichter konzentrieren auf das Heute, das uns gegeben ist, auf die Mühe des Alltags und auf den Augenblick, den Gott uns schenkt. Mit unserem ganzen Sein können wir in der Jetztzeit leben und uns allem stellen, was sie bringt: Freude und Schmerz, Anstrengung und Erfolg.

In solcher Weise wird das Leben wirklich *gelebt*. Ohne das Bewusstsein, früher oder später Abschied nehmen zu müssen, lebt man oft oberflächlich, in Illusionen und Träumen, strebt nach etwas, was vielleicht nie zu erreichen ist …

Wer das andere Leben im Blick hat und sein Leben danach ausrichtet – mit einer Liebe, die allen Menschen gilt –, wird nicht nur ein vollkommener Christ, sondern auch ein verwirklichter Mensch.
Gerade das erwarten unsere Zeit und die heutige Gesellschaft. Vor allem aber Gott selbst.

Nicht selten verspüren Menschen den Wunsch, *heilig* zu werden. Vielleicht wird diese Sehnsucht durch das Wirken der Gnade Gottes hervorgerufen. Gestärkt wird ein solcher Wunsch oft dadurch, dass man die Bedeutung und den Einfluss eines Heiligen auf seine Zeit bedenkt und sich vergegenwärtigt, wie tief greifend und nachhaltig er die Welt verändert hat.

Doch jemand, dem der Gedanke an die Heiligkeit insgeheim keine rechte Ruhe lässt, gewinnt beim Blick auf die Heiligen manchmal den Eindruck, vor einer Barriere oder einer unüberwindlichen Mauer zu stehen.

Wie wird man heilig?, fragt man sich. Was ist der Maßstab, die Methode, der Weg dahin?

Wenn man wüsste, dass es genügte, Buße zu tun, würde man sich von früh bis spät geißeln. Wäre das Gebet entscheidend, würde man Tag und Nacht beten. Käme es vor allem auf das Predigen an, würde man rastlos durch Städte und Dörfer ziehen, um das Wort Gottes zu verkünden … Aber man weiß es nicht; man kennt den Weg nicht.

Jeder Heilige hat seine eigene Prägung. Heilige Menschen sind voneinander so verschieden wie die unterschiedlichen Blumen in einem Garten ...

Aber vielleicht gibt es doch einen Weg, den alle gehen können. Vielleicht muss man sich nicht einen eigenen Weg suchen, Pläne schmieden, Strategien ersinnen; vielleicht genügt es, sich ganz in den jeweiligen Augenblick hineinzustellen und darin den Willen dessen zu erfüllen, der von sich sagte, er sei der Weg (vgl. Joh 14,6). Der vergangene Augenblick ist nicht mehr da, der nächste wird vielleicht nie in unserer Hand sein. Sicher ist nur, dass wir in dem Augenblick, der uns jetzt geschenkt ist, Gott lieben können. Heiligkeit verwirklicht sich in der Zeit.

Niemand weiß, wie es um die eigene Heiligkeit oder um die der Mitmenschen steht. Erst wenn ein Mensch den Lauf vollendet und die Prüfung bestanden hat, enthüllt sich der Welt der Plan, den Gott mit ihm hatte.

An uns liegt es, Augenblick für Augenblick auf die Heiligkeit zuzugehen, das heißt, mit ganzem Herzen, mit ganzer Seele und mit allen Kräften auf die Liebe zu antworten, die Gott, unser Vater im Himmel, uns entgegenbringt. Diese Liebe ist persönlich, sie ist Liebe in Fülle, und ihre Weite entspricht der Liebe eines Gottes.

UNVERGÄNGLICHES SCHAFFEN

Wenn du den Augenblick lebst, ihn gut lebst, schaffst du etwas, das bleibt und weiterwirkt. Auch wenn du nur mit einem einzigen Menschen sprichst oder mit einer kleinen Gruppe zu tun hast. Denn in der Begegnung mit einem einzelnen Menschen, mit jeder speziellen Gruppe begegnest du der Menschheit. So wie du in einer einzigen Aufgabe den Willen Gottes erfüllst. In der vermeintlichen Beschränkung eröffnet sich dir die Dimension des Unendlichen.

Verrichte mit Sorgfalt, was Gott im Augenblick will, und zwar so, *wie er* es will, nach seiner Logik, nach seiner Dynamik. Dazu ein Beispiel (aus eigener Erfahrung):

Bereitest du einen Vortrag vor, so vertraue zunächst ganz auf den Beistand des Heiligen Geistes in dir. Unterbreite den Entwurf dann deinen Weggefährten, damit er in einem Klima gegenseitiger Liebe ehrlich geprüft werde. Sei demütig und bereit, ihn zu verlieren, so dass er „sterben", untergehen und aus der Einheit neu erstehen kann ... So wird das, was du sagst, Bestand haben und viel-

fältige Frucht bringen. Und was vielleicht diesem oder jenem genützt hätte und dann vergessen wäre, kann vielen zugute kommen und weiterwirken. Ein solches Handeln im gegenwärtigen Augenblick schenkt dir eine innere Fülle, die daher rührt, dass Christus in dir lebt. Und wenn er in einem Menschen lebt, schafft er Dinge, die bleiben.
Hast du deine Aufgabe aber schlecht oder nur halb erfüllt, dann „verliere" sie in Gott – mit großem Vertrauen auf seine Barmherzigkeit. Denke daran, dass jeder Augenblick der letzte sein kann und du vielleicht unvollkommene Dinge zurücklassen musst. Aber vertraue auch darauf, dass der Herr nichts anderes wünscht, als dir seine Liebe unter Beweis zu stellen. Er möchte die Lücken ausfüllen, vor den anderen deine Fehler verbergen und entschuldigen. Wie es eine Mutter machen würde, und noch viel mehr!
So kann dein Herz gleichermaßen „gesättigt" sein: Denn dank *seiner* Liebe ist alles getan, ja vollendet.

DIE WAHRE BEDEUTUNG DER ZEIT

Es gibt Phasen im Leben,
in denen man den Eindruck hat,
die Zeit zerdehne sich.
Zum Beispiel, wenn man mit Ehrfurcht
und voller Bangen jeder Bewegung,
jedem Wort, jedem Blick, jedem Atemzug
eines geliebten Menschen folgt,
der kurz vor der Ewigkeit steht.
Man weiß diesen letzten Lebensabschnitt
so sehr zu schätzen,
weil der Tod bevorsteht.
Von der Ewigkeit her
bekommt die Zeit ihre wahre Bedeutung.

Vielleicht sollten wir *alle* Augenblicke
so bewusst leben
und den flüchtigen Moment ergreifen,
ihn mit der Liebe zu Gott erfüllen
und in der Ewigkeit verankern.

Wie im Flug vergehen die Tage,
schon bricht der Abend an.
Herr, nimm mein Leben an,
alle Augenblicke, die mir bleiben,
bevor „meine Stunde“ kommt.
Ich bekomme es nicht recht zu fassen,
aber in manchen Momenten
verspüre ich eine Art Unzufriedenheit,
einen bitteren Beigeschmack.
Vielleicht liegt es daran,
dass es unbewusste Bindungen gibt
an etwas, das nicht ganz dir gehört;
vielleicht bin ich noch nicht
ganz verwurzelt in dir.
Ein ständiges Unterwegssein ist das Leben;
kaum hat man sich eingerichtet
in einer vermeintlich festen Ordnung,
wird man ihrer schon überdrüssig;
die ersehnte Ruhe ist wohl eine Illusion …
Jesus, kennst du das?
Bis zum dreißigsten Lebensjahr hattest du
– gewiss in der vollkommenen Erfüllung
deiner Pflichten – die Aufgabe vor Augen,
die auf dich wartete.

Als endlich die Zeit kam,
um an die Öffentlichkeit zu treten,
war es ein einziger Lauf:
drei kurze Jahre, in Windeseile vorbei.
Du zogst umher, um Jünger zu sammeln,
hast Kranken geholfen,
den Samen des Wortes ausgesät
und das Volk in deinen Bann gezogen.
Es war das Wirken der Weisheit,
das dich mehr und mehr drängte,
das Reich Gottes zu errichten.
Wie schnell kam der Augenblick,
da du gekreuzigt wurdest;
in wenigen Stunden hast du
den Übergang vollzogen und – für uns –
dem Vater Leib und Seele zurückgegeben.

Wenn uns die Zeit davonzulaufen scheint
und der Abend immer zu früh anbricht,
dürfen wir auch darin
einen Zug deines Lebens erkennen,
das du in uns hier auf Erden leben willst?

Jesus, danke für das Leben.
Bereite uns vor auf das Sterben,
und verankere uns mit dir
dort, wo die Sonne
nie mehr untergeht.

„Seid wachsam! Denn ihr wisst weder den Tag noch die Stunde" (Mt 25,13).

Manchmal spüren wir,
dass „jemand" uns drängt,
beständig im *Übernatürlichen* zu leben,
das heißt *bar jeder menschlichen Sicherheit*
(was unsere Gesundheit, unsere Programme,
Zukunftspläne oder sonst etwas betrifft),
einzig und allein verwiesen
auf die eigentliche Wirklichkeit,
auf das Leben im Jetzt –
und zwar vor Gott, ganz ausgerichtet auf ihn,
nur das wissend und wollend,
von dem er *möchte*,
dass wir es wissen und wollen.
Für die Seele bedeutet das: wachsam sein,
wie Jesus es uns nahe gelegt hat;
denn wir kennen weder den Tag
noch die Stunde seines Kommens,
und wir könnten ergänzen:
jedes Kommens von ihm.
Denn er kommt immer, jeden Augenblick –
in dem, was er uns als seinen Willen zeigt,

ob uns dies traurig oder schön erscheint:
Immer begegnet uns darin Gott selbst,
seine Liebe.

Diese wachsame Offenheit
für *seinen* Willen
ist – in einem paradoxen Bild gesprochen –
fester Boden für die Seele:
Sie findet ihren Halt im verheißenen Land,
in der Wirklichkeit des Himmelreiches,
in der wir schon hier und jetzt
leben können – und leben sollen!
Dort verankert, sind wir gefeit
vor Sünde und Illusionen,
vor Enttäuschung, Unruhe und Verwirrung.

DAS HAUS, DAS MAN HIER BAUT

Das Leben ist eine wichtige Wegstrecke.
Hier fällt die Entscheidung!
Es kommt darauf an,
wie sehr ich Jesus
in mir habe wachsen lassen;
denn in der Ewigkeit wird von mir
das bestehen bleiben,
was von ihm durchdrungen ist.
Jede Handlung,
jeder Augenblick,
jeder Atemzug
wird in die Ewigkeit eingehen;
jede Minute meines irdischen Lebens
wirkt sich aus auf das Leben.

„Der Himmel ist ein Haus,
das man hier erbaut
und dort bewohnt."

„Gib uns *heute* das Brot,
das wir brauchen“ (Mt 6,11).

Heute.
Du willst also, dass wir so leben wie du, Herr.
Doch wer lebt so: im Heute, für das Heute?
Wer überlässt sich der Zukunft,
frei wie die Vögel,
für deren Nahrung und Kleidung du sorgst?
Im Heute leben macht frei,
erschreckt aber auch.
Denn wir möchten
auf eine gesicherte Zukunft bauen,
obwohl wir nicht wissen,
ob das Morgen je kommen wird …
Du, Herr, willst, dass wir wachsam sind.
Denn du verkündest ein anderes Reich,
in das wir eines Tages,
zu einer Stunde, die wir nicht kennen,
gerufen werden.
Hilf uns also, in der Zeit,
die du uns noch schenkst,
jeden Tag wachsam und gut zu leben.

DIE ZEIT WARTET NICHT

Katharina von Siena sagt:
„Wartet nicht, bis die Zeit kommt,
um euer Heil zu suchen;
denn die Zeit
wartet nicht auf euch."

Ein Wort, das wir nicht vergessen sollten!

Lieben wir Gott
im gegenwärtigen Augenblick,
indem wir mit ganzem Herzen
seinen Willen erfüllen.

Gegenwart und Zukunft

„Es schien uns bisher zu den unveräußerlichen Rechten menschlichen Lebens zu gehören, sich einen Lebensplan entwerfen zu können, beruflich und persönlich. Damit ist es vorbei. Wir sind durch die Macht der Umstände in die Situation geraten, in der wir darauf verzichten müssen, ‚für den kommenden Tag zu sorgen' (Mt 6,34), wobei es ein wesentlicher Unterschied ist, ob das aus der freien Haltung des Glaubens heraus geschieht, die die Bergpredigt meint, oder als erzwungener Frondienst am jeweiligen Augenblick. Für die meisten Menschen bedeutet der erzwungene Verzicht auf Zukunftsplanung den verantwortungslosen, leichtfertigen oder resignierten Verfall an den Augenblick, einige wenige träumen noch sehnsüchtig von einer schöneren Zukunft und versuchen darüber die Gegenwart zu vergessen. Beide Haltungen sind für uns gleich unmöglich. Uns bleibt nur der sehr schmale und manchmal kaum noch zu findende Weg, jeden Tag zu nehmen, als wäre es der letzte, und doch in Glauben und Verantwortung so zu leben, als gäbe es noch eine große Zukunft." (Dietrich Bonhoeffer)

ALS WÄRE ES DER LETZTE TAG …

Herr,
lass mich immer reden,
als wäre es das letzte Wort,
das ich sprechen kann.

Lass mich immer handeln,
als wäre es die letzte Handlung,
die ich vollbringen kann.

Lass mich immer leiden,
als wäre es der letzte Schmerz,
den ich dir anbieten kann.

Lass mich immer beten,
als wäre es für mich auf Erden
die letzte Chance, mit dir zu reden.

Wenn man den gegenwärtigen
Augenblick lebt
und sich in *Liebe* ausdrückt,
wird die Gegenwart *Liebe*:
Tat der Liebe.

Wir werden lebendige Liebe,
wie Gott die Liebe ist ...

Die Erde:
mit dem Himmel verbunden ...

Eine einzige Zeit:
gegenwärtige Liebe.

„Wie die Zeit vergeht!“,
sagen wir verwundert,
wenn die Tage wie im Flug vergehen.

„Wie doch die Zeit *bleibt!*“,
müsste ich sagen können,
wenn ich jede Stunde, jeden Augenblick
einzig darauf verwenden würde,
deinen Willen zu erfüllen.

EWIGE GEGENWART

Auch in der Ewigkeit
haben wir eine Vergangenheit,
eine Gegenwart und eine Zukunft,
aber sie werden eins sein.
Ganz konzentriert in der Gegenwart,
in der wir nicht nur diese
als Seligkeit erleben, sondern auch
die Erinnerung an die Vergangenheit
(ihre *re-cor-datio* = das Dem-Herzen-Zurück-
geben), welche nicht Erinnerung sein wird,
sondern ganz neues Erleben;
und ebenfalls die Zukunftsträume,
die nicht Traum sein werden,
sondern Wirklichkeit.

Darum wird die Ewigkeit nicht enden;
denn sie ist trinitarisch
(Vergangenheit, Gegenwart, Zukunft).
Und sie wird zugleich sein
wie ein Augenblick;
denn sie ist eine einzige:
ewige Gegenwart.

QUELLENNACHWEIS

Aus Werken Chiara Lubichs (© für die italienische Originalausgabe: Città Nuova, Rom)
- Città Nuova, Jahrgang XVIII, 25.3.74: S. 73: p. 25.
- Diario 1964/65, 1985: S. 20ff: p. 150.
- In cammino col Risorto, [4]1994: S. 12: p. 159s.
- Ogni momento è un dono, [5]2003: S. 74: p. 101; S. 77: p. 101.
- Scritti spirituali/1 (L'attrattiva del tempo moderno), [3]1991: S. 10: p. 137; S. 15: p. 238s; S. 33: p. 234; S. 35: p. 261; S. 47: p. 237; S. 49: p. 237; S. 58ff: p. 94s; S. 63: p. 129; S. 64ff: p. 147s; S. 69: p. 127; S. 71: p. 236; S. 76: p. 238.
- Scritti spirituali/2 (L'essenziale di oggi), [3]1984: S. 19: p. 202s; S. 25f: p. 214; S. 28f: p. 93s; S. 30: p. 230; S. 34: p. 201; S. 36f: p. 195s; S. 40f: p. 100; S. 42f: p. 215s; S. 45f: p. 208s; S. 50: p. 202s; S. 51ff: p. 121ss; S. 54: p. 123; S. 56: 202f; S. 61f: p. 114s; S. 67f: p. 27; S. 70: p. 109.
- Scritti spirituali/4 (Dio è vicino), [2]1995: S. 16: p. 238s; S. 71: p. 256.

Von anderen Autor/innen (die Chiara Lubich zum Thema zitiert):
S. 14: Giovanni XXIII., Il giornale dell'anima, Rom 1965, 122.
S. 24: Athanasius, Vita Antonii, Graz/Wien/Köln 1987, 33f.
S. 32 oben: Therese von Lisieux, Ihm kann ich alles sagen. Gebete der Liebe, München 1996, 43.
S. 32 Mitte und unten: Therese Martin, Ich gehe ins Leben ein, Leutesdorf 1979, 68, 170.
S. 44: Jacques Maritain, Diario di Raissa, Brescia 1968, 146.
S. 72: Dietrich Bonhoeffer, Widerstand und Ergebung, © Chr. Kaiser/Gütersloher Verlagshaus GmbH, Gütersloh.

ABBILDUNGEN

S. 11: Vincent van Gogh, Montmartre bei der oberen Mühle (Detail).
S. 17: Claude Monet, Die Eisenbahnbrücke (Detail).
S. 23: Isaak Iljitsch Lewitan, Birkenhain (Detail).
S. 39: Auguste Renoir, Stillleben mit Anemonen (Detail).
S. 48: Claude Monet, Herbst in Argenteuil (Detail).
S. 55: Claude Monet, Abendstimmung in Venedig (Detail).
S. 66: Claude Monet, Impression, Sonnenaufgang (Detail).
S. 75: Claude Monet, Die japanische Brücke (Detail).

Von derselben Autorin sind erschienen:

Chiara Lubich

ERST IN DER NACHT
SIEHT MAN DIE STERNE

Wie die Nacht den Blick in den Sternenhimmel freigibt, können schmerzliche Situationen tiefer erahnen lassen, was das Leben ist und was im Leben zählt ... Einfühlsame Texte und Farbfotos laden zum Nachdenken ein. *96 Seiten, gebunden, ISBN 3-87996-505-6*

GRENZENLOS
IST EINZIG DIE LIEBE
Hundert Worte
von Chiara Lubich

112 Seiten, gebunden,
ISBN 3-87996-568-4

Chiara Lubich
VON DER KUNST
ZU LIEBEN

48 Seiten, kartoniert,
ISBN 3-87996-620-6

Chiara Lubich
MARIA. Mutter –
Schwester – Vorbild

48 Seiten, kartoniert, ISBN 3-87996-611-7

VERLAG NEUE STADT MÜNCHEN · ZÜRICH · WIEN